17 Novembre 94.

VENTE APRÈS DÉCES

DE

M. A. RIBET

MEUBLES D'ART

BRONZES, PORCELAINES, FAIENCES

TAPISSERIES

DES

XVIIe ET XVIIIe SIÈCLES

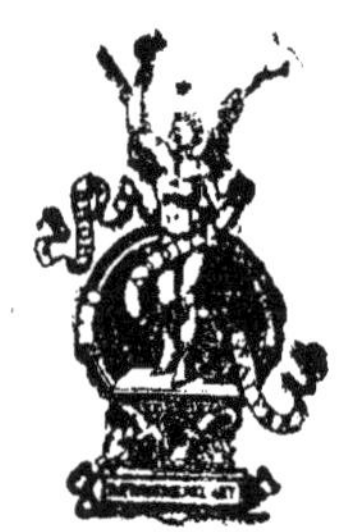

CATALOGUE

DE

MEUBLES D'ART

DES XVIIe ET XVIIIe SIÈCLES

EN MARQUETERIE ET EN BOIS SCULPTÉ

Belles Pendules Louis XIV et Louis XVI
Coupe et Vases en porphyre et granit oriental
Porcelaines anciennes de la Chine et du Japon
Vases, Plats et Assiettes, de belle qualité
Porcelaines de Sèvres, de Saxe, Faïences

CADRES

TAPISSERIES ANCIENNES

Sujets de verdure et à personnages

DONT LA VENTE AURA LIEU

Par suite du décès de M. A. RIBET

HOTEL DROUOT, SALLE N° 11

Le Samedi 17 Novembre 1894, à deux heures précises

COMMISSAIRE-PRISEUR

Me PAUL CHEVALLIER

10, rue de la Grange-Batelière, 10

EXPERT

M. J. B. LASQUIN

12, rue Laffitte, 12

Chez lesquels se trouve le présent Catalogue.

EXPOSITION PUBLIQUE

Le Vendredi 16 Novembre 1894, de 1 h. 1/2 à 5 h. 1/2

CONDITIONS DE LA VENTE

Elle sera faite expressément au comptant.

Les acquéreurs paieront en sus des enchères *cinq pour cent.*

L'exposition mettant le public à même de se rendre compte de l'état des objets, aucune réclamation ne sera admise une fois l'adjudication prononcée.

Paris. — Imp. de l'Art, E. MOREAU ET Cie, 41, r. de la Victoire

DÉSIGNATION DES OBJETS

MEUBLES ANCIENS

1 — Belle commode du temps de la Régence, à trois rangs de tiroirs, en bois de violette et satiné, richement ornée de bronzes dorés ; encadrements à écoinçons feuillagés, poignées-balustres à rosaces, entrées de serrures, chutes et sabots à mufles de lions. Dessus de marbre.

2 — Commode du temps de Louis XV, de forme contournée et à deux tiroirs, en bois de violette et satiné, marquetée à rosace au centre et ornée de chutes, de poignées et d'un cul-de-lampe en bronze doré rocaille. Dessus de marbre brèche.

3 — Commode-chiffonnière du temps de la Régence, de forme contournée à côtés obliques, en bois de violette et satiné marqueté à filets ; elle

renferme trois tiroirs encadrés de baguettes et garnis de poignées à crochets en bronze doré rocaille. Dessus en marbre brèche.

4 — Bureau à cylindre de l'époque Louis XVI, en bois d'acajou garni de moulures et de cannelures de cuivre. Il est surmonté de trois tiroirs, avec dessus de marbre blanc entouré d'une galerie.

5 — Chiffonnier de l'époque Louis XVI, à sept tiroirs, en acajou garni de poignées, de baguettes et de cannelures de cuivre. Dessus de marbre blanc à galerie.

6 — Grande commode de l'époque Louis XVI, à angles arrondis, et renfermant quatre rangs de tiroirs, en bois de violette et bois de rose marqueté à filets. Elle est garnie de chutes à guirlandes, de sabots à griffes de lions et d'anneaux en bronze doré. Dessus en marbre brèche.

7 — Bonheur-du-jour de l'époque Louis XVI, surmonté d'un casier avec portes à glaces et deux tiroirs, garni de moulures de cuivre et d'un dessus de marbre blanc entouré d'une galerie.

8 — Grande armoire vitrée, ou bibliothèque Louis XIV, à deux portes et cintrée du haut, en bois satiné, garnie de moulures et de chutes en bronze doré.

9 — Commode Louis XVI en acajou moucheté, à quatre rangs de tiroirs, garnie de baguettes et cannelures de cuivre. Dessus de marbre blanc.

10 — Belle table-console de l'époque de la Régence, en bois sculpté et doré, à ceinture d'ornements rocaille, pieds contournés à mascarons et volutes reliés par un croisillon.

11 — Table-bureau Louis XVI en bois d'acajou, à pieds cannelés, garnie de moulures, de modillons et entourée d'un quart de rond en cuivre doré.

12 — Table de nuit de l'époque Louis XV, en bois de violette et bois de rose, à dessus de marbre brèche.

13 — Secrétaire Louis XVI en bois de rose marqueté à filets, garni de bronzes et à dessus de marbre.

14 — Table de nuit Louis XV à contours, en bois satiné.

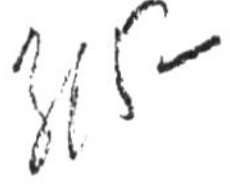

15 — Toilette Louis XV en bois marqueté à filets.

16 — Fauteuil Louis XVI.

17 — Chaise Louis XIII garnie de cuir.

18 — Armoire normande à deux portes vitrées en partie, en chêne sculpté à fleurs.

19 — Bureau de dame Louis XV ouvrant à abattant, en bois marqueté à quadrillages.

20 — Bureau plat Louis XVI en acajou garni de bronzes.

21 — Table-chiffonnière de style Louis XVI, forme ovale, en bois de rose.

22 — Table de bouillotte Louis XVI en acajou, à baguettes et moulures de cuivre.

23 — Table à ouvrage de style Louis XV, forme ovale, à pieds contournés, en bois de rose marqueté ; dessus de marbre blanc à galerie de cuivre.

24 — Table de nuit de même forme et de même travail.

25 — Armoire normande Louis XVI en chêne sculpté à fleurs, feuillages et rubans.

26 — Armoire normande Louis XV en bois sculpté à fleurs et à moulures contournées.

27 — Six panneaux en bois sculpté du XVIe siècle, à attributs et médaillons-bustes.

28 — Glace Louis XVI à bordure en bois sculpté, à guirlandes et draperies, surmontée d'un vase.

29 — Miroir ovale à bordure en bois sculpté, à fleurs et volutes.

30 — Cadre rectangulaire de l'époque Louis XIV, en bois sculpté et doré, à fleurettes et ornements.

31 — Console-applique Louis XIV en bois sculpté et doré à cariatides.

32-33 — Deux paires de supports, fûts de colonnes torses.

34 — Cadre Louis XIV en bois sculpté et doré.

35 — Petit cadre Louis XIII et un lot de baguettes et cadres anciens.

*

BRONZES D'AMEUBLEMENT

36 — Grande et belle pendule en bronze finement ciselé et doré au mat, modèle à consoles garni de festons de fleurs et surmontée d'une cassolette ovale à quatre pieds et à têtes de boucs. Le socle, en marbre bleu turquin, est enrichi d'une applique à rinceaux découpés à jour et d'une large moulure en bronze finement ciselé et doré au mat. Le mouvement porte le nom de *Robin*. — Haut., 65 cent.

(Catalogue de la galerie Oppenheim, nº 464.)

37 — Pendule du même modèle, copie de la précédente ; celle-ci avec socle en marbre griotte. Elle est accompagnée de deux candélabres à six lumières, de même style, en bronze ciselé et doré.

38 — Garniture de cheminée composée d'une pendule de style Louis XVI et de deux candélabres en bronze doré.

39 — Pendule du temps de Louis XVI à figures de liseuses et surmontée d'un aigle (grand modelé) en bronze ciselé et doré.

40 — Pendule Louis XIV, forme contournée, en marqueterie de cuivre et d'écaille garnie d'encadrements d'ornements, d'un sujet applique, de pieds à dragons, et surmontée d'une figure de l'Aurore en bronze doré. Cadran à cartouches émaillés, au nom de *Cormesson, à Paris.*

41 — Belle pendule Louis XIV, forme droite, en marqueterie d'écaille et de cuivre surmontée d'un dôme flanqué de quatre lions, avec ornements, chutes de fleurs ; pieds à volutes feuillagées et griffes de lion reliés par un motif supportant un coq.

Au-dessous du cadran, un cartouche émaillé porte le nom *Menu, à Paris.*

42 — Belle pendule du temps de Louis XVI, en bronze ciselé et doré. Le cadran contenu dans un fût carré surmonté d'un vase-cassolette retenant deux guirlandes de lauriers, avec base ornée de carquois, de rosaces et d'enroulements. Socle en marbre bleu-turquin.

43 — Pendule de style Louis XV en bronze doré, à contours rocaille agrémentés de bouquets de fleurs et d'un trophée de musique; elle supporte un vase-cassolette et repose sur une terrasse de même style.

44 — Petite pendule de l'époque Louis XVI. Le cadran au nom de *Peter, à Paris*, placé dans un fût à fronton cintré et flanqué de deux colonnes cannelées en bronze doré. Socle en marbre à balustres en bronze sur fond de verre bleu.

45 — Pendule Louis XVI en bronze doré au mat, à sujet nymphe et amour. Socle en marbre orné de rinceaux.

46 — Flambeau de bouillotte style Louis XVI, en bronze doré, à trois lumières.

47 — Deux girandoles de style Louis XV, à trois lumières, en bronze doré, composées d'ornements rocaille et de feuillages.

48 — Cartel de l'époque Louis XVI en bronze doré, modèle à guirlandes de lauriers retenues par un vase à la partie supérieure et retombant sur les côtés, le bas terminé par un cul-de-lampe de feuillages.

49 — Deux appliques Louis XVI à deux lumières, en bronze.

50 — Pendule Louis XV, forme contournée, décorée de fleurs sur fond vert et garnie d'ornements rocaille en bronze.

51 — Pendule Louis XVI, en bronze doré et marbre blanc, en forme de temple, à colonnes carrées cannelées, surmonté d'un vase. Le cadran entouré d'une draperie, la base ornée d'un bas-relief jeux d'enfants.

52 — Deux petits candélabres Louis XVI à deux lumières, tiges de pavots supportées par une figurine debout sur un fût en bronze.

53 — Pendule Empire en bronze doré avec figure d'Orphée accoudé sur un autel contenant le cadran. Le soubassement, décoré d'un bas-relief, repose sur des pieds à griffes de lion.

54 — Statuette en bronze, d'après l'antique : le Joueur de cimbales.

55 — Deux flambeaux Louis XVI à tige fuselée et cannelée en bronze finement ciselé et doré.

56 — Deux girandoles Louis XIV à deux lumières en cuivre doré.

57 — Deux girandoles à trois lumières de style Louis XVI, en bronze doré.

58-60 — Trois paires de flambeaux Louis XVI et

Louis XIV en bronze et un flambeau-cassolette en marbre bleu turquin et bronze.

MATIÈRES DURES ET MARBRES

61 — Deux petits vases-cassolettes en granit rose oriental, de forme surbaissée, à piédouche sur socles carrés avec gorges ajourées et boutons de couvercles en bronze doré.

62 — Coupe ronde godronnée en porphyre rouge oriental, montée sur un piédouche mouluré, garni de torsades en bronze doré, socle carré en bronze.

63 — Deux vases de style Louis XVI, de forme ovoïde, en spath fluor avec montures dorées à piédouches, anses têtes de satyres reliées par des guirlandes.

64 — Buste de femme voilée, en marbre blanc sculpté avec piédouche en marbre portor.

65 — Buste de femme en marbre blanc sculpté.

PORCELAINES ANCIENNES

DE LA CHINE ET DU JAPON

66 — Garniture composée de trois potiches couvertes et de trois cornets en ancienne porcelaine du Japon, à décor bleu, rouge et or, représentant des vols de fohangs, des arbustes fleuris et des lambrequins de fleurs arabesques.

Les couvercles sont surmontés de chimères.

67 — Deux grands vases couverts en ancienne porcelaine du Japon à décor bleu à sujets de figures.

68 — Deux beaux vases-balustres hexagones à couvercles, en ancienne porcelaine de Chine de la Compagnie des Indes, finement décorés de sujets familiers dans des encadrements rehaussés d'or.

69 — Grande et belle coupe ronde à couvercle, en ancienne porcelaine du Japon de très belle qualité, décor en bleu, rouge et or à trois compartiments à corbeilles de fleurs.

70 — Deux jardinières en ancienne porcelaine de Chine de la Compagnie des Indes, à deux anses et à bordure gaufrée en relief, décor de fleurs en couleurs avec rehauts de dorure.

71 — Grand et beau plat rond en ancienne porcelaine du Japon, décor en bleu, rouge et or. Au centre, un vase de chrysanthèmes entouré d'une zone circulaire de tiges fleuries ; le marli est orné de quatre réserves de fleurs sur fond bleu et or.

72 — Grand plat en vieux Japon décoré au centre d'un vase de fleurs entouré de trois lambrequins et de chrysanthèmes.

73 — Deux petits vases brûle-parfums forme balustre, en ancienne porcelaine de Chine émaillée en couleurs à sujets de mandarins dans des paysages. Socles en bronze.

74 — Deux vases-balustres en ancien céladon gris craquelé de Chine avec montures de style Louis XV en bronze.

75 — Vase-bouteille à orifice à renflement, en ancien céladon turquoise de Chine.

76 — Vase-bouteille en ancien céladon turquoise flambé et moucheté de Chine.

77 — Trois potiches couvertes en ancienne porcelaine du Japon, décor à compartiments de fleurs en bleu, rouge et or.

78 — Coupe ronde en vieux Chine, décorée en émaux de la famille verte avec monture de style Louis XIV en bronze doré.

79 à 81 — Deux soupières rondes couvertes avec plateaux en ancienne porcelaine du Japon de grandeur et de décors variés à fleurs en bleu, rouge et or.

82 — Deux gobelets coniques en vieux Japon, décor bleu, rouge et or à fleurs et arbustes.

83 — Grand sucrier en vieux Chine à réserves de fleurs émaillées en couleurs sur fond brun.

84 — Deux potiches en ancienne porcelaine du Japon à décor de pampres en bleu.

85 — Vase balustre en ancien céladon vert d'eau de Chine gaufré sous émail.

86 — Deux potiches de forme élancée, en ancienne

porcelaine de Chine, décor en émaux de la famille rose à vases de fleurs et lambrequins. Elles sont montées en lampes.

87 — Deux vases-balustres à quatre pans, en ancienne porcelaine de Chine, décorés en émaux de la famille verte, de réserves à paysages animés de chimères et d'oiseaux.

88 — Deux corbeilles rondes à deux anses et à pourtour ajouré en ancienne porcelaine de Chine de la Compagnie des Indes, à fond vert et fleurs en couleurs.

89 — Cornet en vieux Chine, décoré en émaux de la famille verte, de sujets à figures et chimères ainsi que de fleurs et de pêches.

90 — Vase ovoïde en vieux Japon, décor bleu symétrique à insignes et lambrequin.

91 — Vase couvert à piédouche en ancienne porcelaine du Japon, décor bleu à fleurs et lambrequin.

92 — Pot cylindrique en vieux Chine décoré de deux paysages en bleu.

93 — Deux petits cornets en vieux Chine, décorés de fleurs en émaux de la famille verte.

94 — Deux grandes jattes rondes en ancienne porcelaine du Japon, décor à fleurs arabesques en blanc sur fond bleu.

95 — Vase à fleurs en ancienne porcelaine du Japon, décor bleu à rochers, fleurs et oiseaux.

96 — Vase ovoïde à couvercle en vieux Japon, décor bleu à rocher fleuri.

97 — Deux vases balustres en porcelaine de Chine laquée et aventurinée.

98 — Écuelle en vieux Japon, décor à réserves en bleu sur fond jaune.

99 — Cinq compotiers en vieux Japon dont quatre dentelés à décor bleu, à décor rayonnant en couleurs.

100 — Écuelle et son plateau octogone en vieux Japon, décor en bleu rouge et or.

101 — Deux jolis plats ronds en ancienne porce-

laine de Chine décorés en émaux de la famille rose : au centre, tige d'œillets, au marli lambrequin et fleurs.

102 — Deux autres plats ronds de même porcelaine, décor de lambrequins au marli et de tiges de fleurs au centre.

103 — Plat rond et creux en vieux Chine décoré en émaux de couleurs. Au fond, un sujet de figures, au bord, six réserves.

104 — Plat rond en vieux Chine, décoré en émaux verts ; au centre, arbuste à fleurs, au marli, quadrillages et ustensiles.

105 — Plat rond en vieux Chine gaufré sous émail, décoré en émaux de couleurs d'un vase de fleurs au centre.

106 — Plat creux en porcelaine de Chine de la dynastie des *Ming* offrant trois tiges de fleurs au fond entourées de quatre zones d'ornements en émaux de couleurs.

107 — Plat rond en vieux Chine décoré en émaux de couleurs rehaussés d'or à fleurs et six réserves ovales encadrées en rouge de fer et une assiette de même décor.

108 — Plat creux en vieux Chine décoré en bleu et rouge à vase et ustensiles.

109 — Plat rond en vieux Chine décoré d'un vase de fleurs au centre et de quatre tiges de fleurs sur la bordure.

110 — Deux plats ronds en vieux Japon décor bleu à oiseaux et fleurs.

111 — Plat rond en vieux Japon, décor bleu à fleurs à encadrements sur la bordure et un autre plat décoré de trois zones circulaires.

112 — Deux figurines en ancienne porcelaine de Chine émaillée en couleurs : Lettré à longue barbe blanche et magot.

113 — Petit vase ovoïde en céladon turquoise de Chine, un cornet, un vieux Japon, une saucière et une boîte ronde en vieux Chine.

114 — Deux plats ronds en vieux Japon à décor en bleu rouge et or à vase de chrysanthèmes au fond et large bordure de fleurs.

115 — Plat rond en vieux Japon, décor en bleu rouge et or à quatre réserves de fleurs sur le marli.

116 — Plat rond en vieux Japon, décor rayonnant à fleurs en bleu rouge et or.

117 — Plat octogone en vieux Japon à décor de chrysanthèmes et de fleurettes.

118 — Plat rond en vieux Japon, décor bleu à rocher et arbustes.

119 — Petit plat octogone en ancienne porcelaine de Chine à écusson armorié au centre.

120 — Deux fromagers avec plateaux en ancienne porcelaine de Chine de la Compagnie des Indes, décorés de bouquets de fleurs.

121 à 125 — Assiettes en ancienne porcelaine de Chine de belle qualité, à riches décors variés, émaux de couleurs.

126-127 — Assiettes en ancienne porcelaine du Japon, à décor bleu de dessins variés.

128 — Pièces de cabaret en ancienne porcelaine de Chine et du Japon : bols, théières, tasses.

PORCELAINES ANCIENNES

DE SÈVRES, DE SAXE ET AUTRES.

129 — Petit bougeoir en ancienne porcelaine de Saxe, en forme d'arbuste fleuri avec oiseau sur une terrasse rocaille.

130 — Deux tasses et une soucoupe en vieux Sèvres, pâte tendre, à décor de fleurs en couleurs.

131 — Tasse et soucoupe en vieux Sèvres, pâte tendre, décor de fleurs en camaïeu rose.

132-133 — Quatre tasses diverses en porcelaine ancienne de Sèvres, de Chantilly et de Furstenberg.

134 — Deux plats ronds dentelés en ancienne porcelaine de Saxe gaufrée, à décor de fleurettes de style chinois.

135 — Quatre compotiers en ancienne porcelaine de Saxe gaufrée à vannerie, décorés de bouquets de fleurs.

136 — Petite maisonnette rustique en ancienne porcelaine de Saxe.

137 — Compotier rond en vieux Sèvres, pâte tendre, décoré de bouquets de fleurs. Marque de *Tardy* décorateur.

138 — Douze assiettes en ancienne porcelaine de Chantilly, pâte tendre, à bordure gaufrée et décor bleu à fleurettes.

139 — Trois assiettes gaufrées en vieux Saxe, à décor d'oiseaux et de fleurs.

140 — Plat long en vieux Saxe, à décor d'oiseaux et bordure dorée.

141 — Courge en ancienne porcelaine blanche de Saint-Cloud.

142 — Diverses pièces de cabaret en ancienne porcelaine d'Allemagne : théières, tasses, soucoupes.

143 — Assiettes en porcelaine de Sèvres.

144 — Onze couteaux à manches en ancienne porcelaine de Chantilly, décor chinois.

145 à 147 — Trois statuettes de berger, de jardinier et de tyrolienne en ancienne porcelaine de Saxe.

148 — Eventail Louis XVI, à feuille peinte à la gouache.

FAIENCES ANCIENNES

149 — Deux assiettes en ancienne faïence de Rouen, décor polychrome dit au chardon, bordure de quadrillages verts.

150 — Assiette en vieux Rouen, décor polychrome avec Chinois au centre.

151 — Bannette en ancienne faïence de Rouen, décor en bleu et rouge, à corbeille au centre et bordure à huit réserves de fleurs.

152 — Plat ovale à couleurs en ancienne faïence de Moustiers, décor de fleurs en couleurs.

153 — Plat en ancienne faïence de Rhodes, décoré de tiges d'œillets en couleurs.

154 — Deux plaques en ancienne faïence de Cas-

telli représentant : l'une, Suzanne et les Vieillards; l'autre, une Scène pastorale.

155 — Deux cornets en faïence italienne.

156 — Vase cache-pot en faïence de Delft, décor polychrome à corbeilles de fleurs.

157 — Deux plats variés de décor en faïence de Delft.

158 — Deux cornets en faïence de Delft, à décor bleu.

159 — Potiche en faïence de Delft, décor bleu, montée en lampe.

160-161 — Trois plaques en faïence de Delft, décor polychrome, représentant des cages à oiseaux.

162 — Bouteille-gourde en ancienne faïence de Nevers, décorée de fleurs en bleu et jaune.

163 — Petite gourde en ancienne faïence de Nevers, décor en bleu jaune et vert, avec figures de saint René et du Christ, et portant le nom de Joseph Tourant, 1771.

164 — Deux potiches en ancienne faïence de Delft,

forme ovoïde à côtes, décor bleu de style chinois.

165 — Jardinière en ancienne faïence de Strasbourg, décorée de fleurs.

166 — Coupe en faïence ancienne.

167 — Deux cruchons en ancien grès de Flandre, à fond d'émail bleu.

168 — Grand plat rond en faïence de Nevers, à décor bleu de style chinois.

169 — Bénitier en faïence italienne, à figures en relief.

170 — Plaque carrée à angles cintrés en faïence de Delft, décor polychrome à oiseaux et arbustes.

171 — Plateau rond en ancienne faïence de Delft, décor polychrome à corbeille de fleurs au centre et deux zones d'ornements. Marque : R. A. P. K.

172 — Deux assiettes en ancienne faïence de Delft, décor bleu, avec la devise : *Wel Kom Aam taa fel.*

173 — Deux assiettes en ancienne faïence de Moustiers, décorées d'armoiries en bleu.

174 — Assiette en vieux Rouen avec croix au centre.

175 — Assiette de Nevers, décor bleu à petits Chinois.

TAPISSERIES ANCIENNES

176 — Tapisserie d'Aubusson représentant un paysage, entourée d'une bordure à fleurs et rubans.

177 — Tapisserie de Felletin, représentant un paysan et une paysanne greffant un arbre ; bordure à cadre.

178 — Tapisserie Louis XIII, représentant un sujet biblique, avec bordure à fleurs et fruits.

179 à 187 — Neuf tapisseries anciennes d'Aubusson à sujets variés, paysages et figures avec bordures.

188-189 — Deux tapisseries d'Aubusson à sujets de verdure et oiseaux, avec bordures de fleurs.

190 — Tapisserie-verdure.

191 à 194 — Six bandes ou bordures d'ancienne tapisserie d'Aubusson et de Flandre, et un fragment de tapisserie.

195 — Lot de morceaux de tapisserie et bordures.

196 — Garnitures de sièges en tapisserie Louis XIV au point.

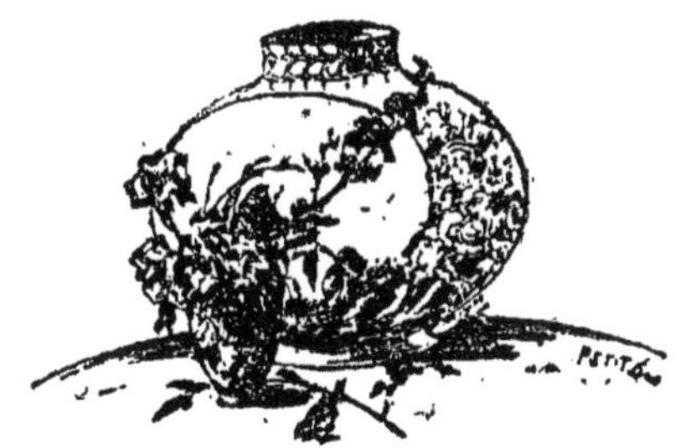

www.ingramcontent.com/pod-product-compliance
Ingram Content Group UK Ltd.
Pitfield, Milton Keynes, MK11 3LW, UK
UKHW022145260726
13993UKWH00005B/2167